INVENTAIRE
V32223

V

BIBLIOTHÈQUE
DE LA MAITRESSE DE MAISON

LE LIVRE
DE
LA COMPTABILITÉ
DES MÉNAGES

PARIS
CH. PLOCHE, LIBRAIRE-ÉDITEUR
5, place de la Bourse, 5.

Paris. — Imprimerie Bonaventure et Ducessois,
55, quai des Grands-Augustins.

LE LIVRE
DE COMPTABILITÉ

DES MÉNAGES

OU

Comptes généraux de chaque semaine

à l'aide desquels
une dame peut se rendre compte de l'emploi de ses revenus

DRESSÉ EN QUARANTE TABLEAUX

PAR NADAUD,

Expert en Écritures au Tribunal de Commerce
de Paris.

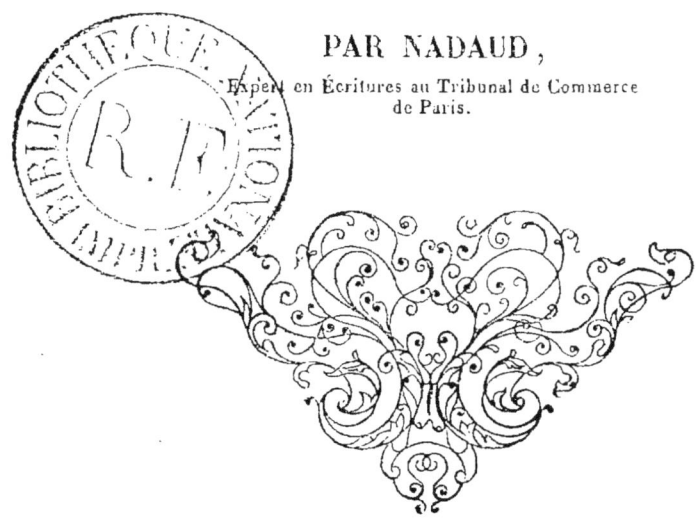

PARIS
CH. PLOCHE, LIBRAIRE ÉDITEUR
5, place de la Bourse.

1852

CALENDRIER POUR 1853.

JANVIER 1853. Les jours croissent de 1 h. 5 m.	FÉVRIER. Les jours croissent de 1 h. 36 m.	MARS. Les j. cr. de 1 h. 52 m.	AVRIL. Les jours croissent de 1 h. 43 m.	MAI. Les jours croissent 1 h. 19 m.	JUIN. Les jours croissent de 18 m.
☾ D. Q. le 2.	☾ D. Q. le 1.	☾ D. Q. le 2.	☉ N. L. le 8.	☉ N. L. le 8.	☉ N. L. le 6.
☉ N. L. le 9.	☉ N. L. le 8.	☉ N. L. le 9.	☽ P. Q. le 16.	☽ P. Q. le 16.	☽ P. Q. le 14.
☽ P. Q. le 17.	☽ P. Q. le 16.	☽ P. Q. le 17.	☾ P. L. le 23.	☾ P. L. le 22.	☾ P. L. le 21.
☾ P. L. le 25.	☾ P. L. le 23.	☾ P. L. le 25.	☾ D. Q. le 30.	☾ D. Q. le 29.	☾ D. Q. le 28.
		☾ D. Q. le 31.			
s 1 LA CIRCONCIS.	m 1 s. Ignace.	m 1 s. Aubin.	v 1 s. Hugues.	D 1 s. Philippe.	m 1 s. Pamphile.
D 2 s. Basile, év.	m 2 PURIFICATION.	m 2 s. Simplice.	s 2 st. Franç. de P.	l 2 Rogations.	j 2 Oct. F.-Dieu.
l 3 ste Geneviève.	j 3 s. Blaise, év.	j 3 ste Cunégond.	D 3 Quasimodo.	m 3 Inv. ste Cr.	v 3 ste Clotilde.
m 4 s. Rigobert.	v 4 s. Philéas.	v 4 s. Casimir.	l 4 ANNONCIATION	m 4 ste Monique.	s 4 s. Quirin, m.
m 5 ste Amélie.	s 5 ste Agathe.	s 5 s. Adrien.	m 5 s. Ambroise.	j 5 ASCENSION.	D 5 s. Boniface.
j 6 ÉPIPHANIE.	D 6 Quinquages.	D 6 Lætare.	m 6 s. Prudent.	v 6 s. Jean P. L.	l 6 s. Claude.
v 7 s. Théau.	l 7 s. Romuald	l 7 ste Perpétue.	j 7 s. Hégésippe.	s 7 s. Stanislas.	m 7 s. Robert.
s 8 s. Lucien, év.	m 8 s. Jean de M.	m 8 s. Ponce.	v 8 s. Albert.	D 8 s. Désiré.	m 8 s. Médard.
D 9 s. Furcy, ab.	m 9 Les Cendres.	m 9 ste Françoise.	s 9 ste Marie, ég.	l 9 s. Grégoire.	j 9 ste Pélagie.
l 10 s. Paul, erm.	j 10 ste Scholastiq.	j 10 ste Anastasie.	D 10 s. Fulbert.	m 10 s. Gordien.	v 10 s. Landry.
m 11 s. Théodose.	v 11 s. Séverin, ab.	v 11 s. Blanchard.	l 11 s. Léon.	m 11 s. Mamert, év.	s 11 s. Barnabé.
m 12 s. Arcadius, m.	s 12 ste Eulalie.	s 12 s. Pol, év.	m 12 s. Jules.	j 12 ste Flavie.	D 12 s. Basilide.
j 13 Bapt. de N. S.	D 13 Quadragésim.	D 13 LA PASSION.	m 13 s. Marcelin.	v 13 s. Servais.	l 13 s. Ant. de P.
v 14 s. Hilaire, év.	l 14 s. Faustin.	l 14 s. Lubin.	j 14 s. Tiburce.	s 14 s. Pacôme. v.j.	m 14 s. Ruffin.
s 15 s. Maur, ab.	m 15 s. Valentin.	m 15 s. Zacharie.	v 15 s. Paterne, év	D 15 PENTECOTE.	m 15 s. Modeste.
D 16 s. Guillaume.	m 16 ste Julienne.4T	m 16 s. Cyriaque.	s 16 s. Fructueux.	l 16 s. Honoré.	j 16 s. Fargeau.
l 17 s. Antoine, ab.	j 17 s. Théodule.	j 17 ste Gertrude.	D 17 s. Anicet.	m 17 s. Pascal.	v 17 s. Avit. abbé.
m 18 Ch. s. P. à R.	v 18 s. Siméon, év.	v 18 s. Alexandre.	l 18 s. Parfait.	m 18 s. Venance 4T	s 18 ste Marine.
m 19 s. Sulpice.	s 19 s. Gabin.	s 19 s. Joseph	m 19 s. Timon.	j 19 s. Yves.	D 19 s. Gervais.
j 20 s. Sébastien.	D 20 Reminiscere.	D 20 Les Rameaux	m 20 s. Hildegonde.	v 20 s. Bernardin.	l 20 s. Silvère.
v 21 ste Agnès.	l 21 s. Pépin.	l 21 s. Benoist.	j 21 s. Anselme.	s 21 s. Hospice.	m 21 s. Leufroi, ab
s 22 s. Vincent.	m 22 ste Isabelle.	m 22 s. Paul. ér.	v 22 ste Opportune.	D 22 La Trinité.	m 22 S. Paulin, év.
D 23 Sepluagésime.	m 23 s. Merault.	m 23 s. Victorien.	s 23 s. Georges, m.	l 23 s. Didier, év.	j 23 s. Félix, mart.
l 24 s. Babylas, év.	j 24 s. Mathias.	j 24 s. Simon.	D 24 ste Beuve.	m 24 s. Donatien.	v 24 s. Jean-Bap.
m 25 C. de s. Paul.	v 25 s. Taraise, év.	v 25 Vendr.-Saint.	l 25 s. Marc, abst.	m 25 s. Urbain.	s 25 s. Prosper.
m 26 ste Paule.	s 26 s. Nestor.	s 26 s. Ludger.	m 26 s. Clet.	j 26 FÊTE-DIEU.	D 26 s. Babolein.
j 27 s. Julien, év.	D 27 Oculi.	D 27 PAQUES	m 27 s. Polycarpe.	v 27 s. Hildevert.	l 27 s. Ladislas.
v 28 s. Charlemag.	l 28 s. Romain.	l 28 s. Gontrand.	j 28 s. Vital, mart.	s 28 s. Germain.	m 28 s. Irénée.
s 29 s. Franç.deS.		m 29 s. Eustase.	v 29 s. Robert, ab.	D 29 s. Maximin.	m 29 ss Pierre et P.
D 30 Sexagésime.	Epacte... XX.	m 30 s. Rieul	s 30 s. Eutrope.	l 30 ste Émilie.	j 30 Commém. s.P.
l 31 s. Pierre Nol.	Lettre Dom. B.	j 31 ste Cornélie.		m 31 ste Petronille.	

CALENDRIER POUR 1853.

JUILLET.	AOUT.	SEPTEMBRE.	OCTOBRE.	NOVEMBRE.	DÉCEMBRE.
Les jours décroissent de 39 m.	Les jours décroissent de 1 h. 39 m.	Les jours décroissent de 1 h. 47 m.	Les jours décroissent de 1 h. 49 m.	Les j. décr. de 1 h. 21 m.	Les jours décroissent de 1 h. 20 m.
☾ N. L. le 6.	☾ N. L. le 5.	☾ N. L. le 3.	☾ N. L. le 2.	☾ N. L. le 1.	☾ P. Q. le 7.
☽ P. Q. le 13.	☽ P. Q. le 12.	☽ P. Q. le 10.	☽ P. Q. le 9.	☽ P. Q. le 8.	☽ P. L. le 15.
☾ P. L. le 20.	☾ P. L. le 18.	☾ P. L. le 17.	☾ P. L. le 17.	☾ P. L. le 15.	☾ D. Q. le 23.
☽ D. Q. le 27.	☽ D. Q. le 26.	☽ D. Q. le 24.	☽ D. Q. le 25.	☽ N. L. le 30.	☽ N. L. le 30.
v 1 s. Martial.	l 1 s. Pierre ès-li.	j 1 s. Leu, s. Gilles	s 1 s. Rémi, évêq.	m 1 LA TOUSSAINT.	j 1 s. Éloi, évêq.
s 2 Visit. de la V.	m 2 s. Étienne, p.	v 2 s. Lazare.	D 2 ss. Anges, G.	m 2 Les Trépassés.	v 2 s. Fulgence.
D 3 s. Anatole. év.	m 3 Inv. s. Étienne	s 3 s. Grégoire, p.	l 3 s. Cyprien.	j 3 s. Marcel, év.	s 3 s. Éloque.
l 4 Transl. s. Mar.	j 4 s. Dominique.	D 4 ste Rosalie.	m 4 s. Franç. d'As.	v 4 s. Ch Borromée	D 4 s. Barbe.
m 5 ste Zoé, mart.	v 5 s. Yon. mart.	l 5 s. Bertin, ab.	m 5 ste Aure, vierg.	s 5 ste Berthilde.	l 5 s. Sabas, abb.
m 6 s. Tranquillin.	s 6 Trans. de N. S.	m 6 s. Onésipe.	j 6 s. Bruno.	D 6 s. Léonard.	m 6 s. Nicolas.
j 7 ste Aubierge.	D 7 s. Gaëtan.	m 7 s. Cloud, prêtr.	v 7 s. Serge et s. B.	l 7 s. Willebrod.	m 7 ste Fare, vierg.
v 8 s. Procope.	l 8 s. Justin, m.	j 8 NAT. DE LA V.	s 8 ste Brigitte.	m 8 stes Reliques.	j 8 Conception.
s 9 s. Ephrem.	m 9 s. Spire.	v 9 s. Omer, évêq.	D 9 s. Denis, évêq	m 9 s. Mathurin.	v 9 ste Gorgonie.
D 10 ste Félicité.	m 10 s. Laurent, m.	s 10 ste Pulchérie.	l 10 s. Géron.	j 10 s. Léon Ier, p.	s 10 ste Valère, v.
l 11 Tr. s. Benoît.	j 11 Susc. ste Cour	D 11 s. Patient, év.	m 11 s. Firmin, év.	v 11 s. Martin, év.	D 11 s. Fuscien.
m 12 s. Gualbert.	v 12 ste Claire.	l 12 s. Raphaël.	m 12 s. Wilfrid, év.	s 12 s. Réné, évêq.	l 12 s. Damase.
m 13 s. Turiaf, év.	s 13 s. Hippol. V. J	m 13 s. Maurille.	j 13 s. Gérard, c.	D 13 s. Brice, évêq.	m 13 s. Luce, v. m.
j 14 s. Bonaventure	D 14 s. Eusèbe.	m 14 Exal. ste Croix	v 14 s. Caliste, pap.	l 14 s. Maclou.	m 14 s. Nicaise. 4 T.
v 15 s. Henri, emp.	l 15 ASSOMPT.	j 15 s. Nicomède.	s 15 ste Thérèse.	m 15 s. Eugène. m.	j 15 s. Mesmin.
s 16 s. Eustate, év.	m 16 s. Roch.	v 16 ste Eugénie.	D 16 s. Gal. abbé.	m 16 s. Eucher. év.	v 16 ste Adélaïde.
D 17 s. Spérat et C.	m 17 s. Mammès.	s 17 s. Lambert.	l 17 s. Cerbonnet.	j 17 s. Agnan, év.	s 17 ste Olympiade.
l 18 s. Clair.	j 18 ste Hélène.	D 18 s. Jean Chrys.	m 18 s. Luc, évang.	v 18 ste Aude, v.	D 18 s. Gatien.
m 19 s. Vinc. de P.	v 19 s. Louis, évêq	l 19 s. Janvier.	m 19 s. Savinien.	s 19 ste Elisabeth.	l 19 ste Meuris.
m 20 ste Marguerite.	s 20 s. Bernard, ab.	m 20 s. Eustache.	j 20 s. Sendou, p.	D 20 s. Edmond. roi	m 20 s. Philogone.
j 21 s. Victor. mar.	D 21 s. Privat, év.	m 21 s. Mathieu.	v 21 ste Ursule, v.	l 21 Prés. de la V.	m 21 s. Thomas, ap.
v 22 ste Magdeleine	l 22 s. Symphor.	j 22 s. Maurice. 4 T.	s 22 s. Mellon.	m 22 ste Cécile.	j 22 s. Honorat.
s 23 s. Apollinaire.	m 23 s. Sidoine, év.	v 23 ste Thècle, v.	D 23 s. Hilarion.	m 23 s. Clément.	v 23 ste Victoire.
D 24 ste Christine.	m 24 s. Barthélemi.	s 24 s. Andoche.	l 24 s. Magloire.	j 24 ste Flore, vier.	s 24 s. Delphin. v.j.
l 25 s. Jacq. le Maj.	j 25 s. Louis, roi.	D 25 s. Cléophas, d.	m 25 s. Crép., s. Cr.	v 25 ste Catherine.	D 25 NOEL.
m 26 s. Christophe.	v 26 s. Zéphirin.	l 26 ste Justine, v.	m 26 s. Rustique.	s 26 steGen.des Ard	l 26 s. Étienne, *ap. év.*
m 27 s. Pantaléon.	s 27 s. Césaire, év.	m 27 Côm, s. Dam.	j 27 s. Frumence.	D 27 Avent.	m 27 s. Jean, *ap. év.*
j 28 ste Anne.	D 28 s. Augustin.	m 28 s. Céran, év.	v 28 s. Simon, s. J.	l 28 s. Sosthène.	m 28 ss. Innocents.
v 29 ste Marthe.	l 29 Déc. s. J.-B.	j 29 s. Michel, arc.	s 29 s. Faron, év.	m 29 s. Saturnin.	j 29 s. Thom. de C
s 30 s. Abdon. m.	m 30 s. Fiacre.	v 30 s. Jérôme.	D 30 s. Lucain, év.	m 30 s. André.	v 30 s. Colombe.
D 31 s. Germ. Aux.	m 31 ste Isabelle.		l 31 s. Quentin. v.j		s 31 s. Sylvestre.

1er TRIMESTRE (du 1 au 11 janvier 1855).

DATES.	SOMMES reçues.	EMPLOI DES SOMMES REÇUES.															TOTAL des Dépenses.	BALANCE.
		Bonnes œuvres.	Boulanger.	Boucher.	Cuisine.	Vins et Liqueurs.	Bois et Charbons	Huile et Bougie.	Domestique.	Toilette personn.	Toilette des enfans	Plaisirs et Voyages.	Médecin.	Pensions des enfan.	Loyer et Contrib.		
1																	
2																	
3																	
4																	
5																	
6																	
7																	
8																	
9																	
10																	
11																	
A rep.																	

1er TRIMESTRE (du 12 au 21 janvier 1853).

EMPLOI DES SOMMES REÇUES.

DATES.	SOMMES reçues.	Bonnes œuvres.	Boulanger.	Boucher.	Cuisine.	Vins et Liqueurs.	Bois et Charbons	Huile et Bougie.	Domestique.	Toilette personn.	Toilette des enfans	Plaisirs et Voyages.	Médecin.	Pensions des enfan.	Loyer et Contrib.	TOTAL des Dépenses.	BALANCE.
Rep																	
12																	
13																	
14																	
15																	
16																	
17																	
18																	
19																	
20																	
21																	
A rep.																	

TRIMESTRE (du 22 au 31 janvier 1853).

EMPLOI DES SOMMES REÇUES.

DATES.	Rep.	22	23	24	25	26	27	28	29	30	31	Totaux du mois
SOMMES reçues.												
Bonnes œuvres.												
Boulanger.												
Boucher.												
Cuisine.												
Vins et Liqueurs.												
Bois et Charbons												
Huile et Bougie.												
Domestique.												
Toilette personn.												
Toilette des enfans												
Plaisirs et Voyages.												
Médecin.												
Pensions des enfan.												
Loyer et Contrib.												
TOTAL des Dépenses.												
BALANCE.												

1er TRIMESTRE (du 1 au 11 février 1853).

EMPLOI DES SOMMES REÇUES.

DATES.	1	2	3	4	5	6	7	8	9	10	11	A rep.
SOMMES reçues.												
Bonnes œuvres.												
Boulanger.												
Boucher.												
Cuisine.												
Vins et Liqueurs.												
Bois et Charbons												
Huile et Bougie.												
Domestique.												
Toilette personn.												
Toilette des enfans												
Plaisirs et Voyages.												
Médecin.												
Pensions des enfan.												
Loyer et Contrib.												
TOTAL des Dépenses.												
BALANCE.												

1er TRIMESTRE (du 12 au 21 février 1860).

EMPLOI DES SOMMES REÇUES.

DATES.	Rep.	12	13	14	15	16	17	18	19	20	21	à rep.
SOMMES reçues.												
Bonnes œuvres.												
Boulanger.												
Boucher.												
Cuisine.												
Vins et Liqueurs.												
Bois et Charbons												
Huile et Bougie.												
Domestique.												
Toilette personn.												
Toilette des enfans												
Plaisirs et Voyages.												
Médecin.												
Pensions des enfan.												
Loyer et Contrib.												
TOTAL des Dépenses.												
BALANCE.												

1er TRIMESTRE (du 22 au 29 février 1835).

EMPLOI DES SOMMES REÇUES.

DATES.	Rep.	22	23	24	25	26	27	28				
SOMMES reçues.												
Bonnes œuvres.												
Boulanger.												
Boucher.												
Cuisine.												
Vins et Liqueurs.												
Bois et Charbons												
Huile et Bougie.												
Domestique.												
Toilette personn.												
Toilette des enfans												
Plaisirs et Voyages.												
Médecin.												
Pensions des enfan.												
Loyer et Contrib.												
TOTAL des Dépenses.												
BALANCE.												

À rep.	11	10	9	8	7	6	5	4	3	2	1	DATES.	
												SOMMES reçues.	
												Bonnes œuvres.	EMPLOI DES SOMMES REÇUES.
												Boulanger.	
												Boucher.	
												Cuisine.	
												Vins et Liqueurs.	
												Bois et Charbons	
												Huile et Bougie.	
												Domestique.	
												Toilette personn.	
												Toilette des enfans	
												Plaisirs et Voyages.	
												Médecin.	
												Pensions des enfan.	
												Loyer et Contrib.	
												TOTAL des Dépenses.	
												BALANCE.	

1er TRIMESTRE (du 12 au 24 mars 1853).

DATES.	Rep.	12	13	14	15	16	17	18	19	29	21	à rep.
SOMMES reçues.												
Bonnes œuvres.												
Boulanger.												
Boucher.												
Cuisine.												
Vins et Liqueurs.												
Bois et Charbons.												
Huile et Bougie.												
Domestique.												
Toilette personn.												
Toilette des enfans.												
Plaisirs et Voyages.												
Médecin.												
Pensions des enfan.												
Loyer et Contrib.												
TOTAL des Dépenses.												
BALANCE.												

EMPLOI DES SOMMES REÇUES.

1er TRIMESTRE (du 22 au 31 mars 1853).

EMPLOI DES SOMMES REÇUES.

DATES.	Rep.	22	23	24	25	26	27	28	29	30	31	Totaux du mois
SOMMES reçues.												
Bonnes œuvres.												
Boulanger.												
Boucher.												
Cuisine.												
Vins et Liqueurs.												
Bois et Charbons												
Huile et Bougie.												
Domestique.												
Toilette personn.												
Toilette des enfans												
Plaisirs et Voyages.												
Médecin.												
Pensions des enfan.												
Loyer et Contrib.												
TOTAL des Dépenses.												
BALANCE.												

2e TRIMESTRE (du 1 au 11 avril 1853).

DATES.	1	2	3	4	5	6	7	8	9	10	11	à rep.
SOMMES reçues.												
Bonnes œuvres.												
Boulanger.												
Boucher.												
Cuisine.												
Vins et Liqueurs.												
Bois et Charbons												
Huile et Bougie.												
Domestique.												
Toilette personn.												
Toilette des enfans												
Plaisirs et Voyages.												
Médecin.												
Pensions des enfan.												
Loyer et Contrib.												
TOTAL des Dépenses.												
BALANCE.												

EMPLOI DES SOMMES REÇUES.

2ᵉ TRIMESTRE (du 12 au 21 avril 1853).

DATES.	Rep.	12	13	14	15	16	17	18	19	20	21	À rep.
SOMMES reçues.												
Bonnes œuvres.												
Boulanger.												
Boucher.												
Cuisine.												
Vins et Liqueurs.												
Bois et Charbons												
Huile et Bougie.												
Domestique.												
Toilette personn.												
Toilette des enfans												
Plaisirs et Voyages.												
Médecin.												
Pensions des enfan.												
Loyer et Contrib.												
TOTAL des Dépenses.												
BALANCE.												

EMPLOI DES SOMMES REÇUES.

2e TRIMESTRE (du 22 au 30 avril 1853).

EMPLOI DES SOMMES REÇUES.

DATES.	Rep.	22	23	24	25	26	27	28	29	30		Totaux du mois
SOMMES reçues.												
Bonnes œuvres.												
Boulanger.												
Boucher.												
Cuisine.												
Vins et Liqueurs.												
Bois et Charbons												
Huile et Bougie.												
Domestique.												
Toilette personn.												
Toilette des enfans												
Plaisirs et Voyages.												
Médecin.												
Pensions des enfan.												
Loyer et Contrib.												
TOTAL des Dépenses.												
BALANCE.												

2ᵉ TRIMESTRE (du 1 au 11 mai 1853).

DATES.	1	2	3	4	5	6	7	8	9	10	11	à rep.
SOMMES reçues.												
Bonnes œuvres.												
Boulanger.												
Boucher.												
Cuisine.												
Vins et Liqueurs.												
Bois et Charbons												
Huile et Bougie.												
Domestique.												
Toilette personn.												
Toilette des enfans												
Plaisirs et Voyages.												
Médecin.												
Pensions des enfan.												
Loyer et Contrib.												
TOTAL des Dépenses.												
BALANCE.												

EMPLOI DES SOMMES REÇUES.

2ᵉ TRIMESTRE (du 12 au 21 mai 1853).

EMPLOI DES SOMMES REÇUES.

DATES.	Rep.	12	13	14	15	16	17	18	19	20	21	A rep.
SOMMES reçues.												
Bonnes œuvres.												
Boulanger.												
Boucher.												
Cuisine.												
Vins et Liqueurs.												
Bois et Charbons												
Huile et Bougie.												
Domestique.												
Toilette personn.												
Toilette des enfans												
Plaisirs et Voyages.												
Médecin.												
Pensions des enfan.												
Loyer et Contrib.												
TOTAL des Dépenses.												
BALANCE.												

2ᵉ TRIMESTRE (du 22 au 31 mai 1853).

EMPLOI DES SOMMES REÇUES.

DATES.	Rep.	22	23	24	25	26	27	28	29	30	31	Totaux du mois
SOMMES reçues.												
Bonnes œuvres.												
Boulanger.												
Boucher.												
Cuisine.												
Vins et Liqueurs.												
Bois et Charbons												
Huile et Bougie.												
Domestique.												
Toilette personn.												
Toilette des enfans												
Plaisirs et Voyages.												
Médecin.												
Pensions des enfan.												
Loyer et Contrib.												
TOTAL des Dépenses.												
BALANCE.												

2ᵉ TRIMESTRE (du 1 au 11 juin 1853).

EMPLOI DES SOMMES REÇUES.

DATES.	1	2	3	4	5	6	7	8	9	10	11	À rep.
SOMMES reçues.												
Bonnes œuvres.												
Boulanger.												
Boucher.												
Cuisine.												
Vins et Liqueurs.												
Bois et Charbons												
Huile et Bougie.												
Domestique.												
Toilette personn.												
Toilette des enfans												
Plaisirs et Voyages.												
Médecin.												
Pensions des enfan.												
Loyer et Contrib.												
TOTAL des Dépenses.												
BALANCE.												

DATES.	Rep.	12	13	14	15	16	17	18	19	20	21	Rap.
SOMMES reçues.												
Bonnes œuvres.												
Boulanger.												
Boucher.												
Cuisine.												
Vins et Liqueurs.												
Bois et Charbons												
Huile et Bougie.												
Domestique.												
Toilette personn.												
Toilette des enfans												
Plaisirs et Voyages.												
Médecin.												
Pensions des enfan.												
Loyer et Contrib.												
TOTAL des Dépenses.												
BALANCE.												

EMPLOI DES SOMMES REÇUES.

2ᵉ TRIMESTRE (du 12 au 21 juin 1853).

2ᵉ TRIMESTRE (du 22 au 30 juin 1853).

DATES.	SOMMES reçues.	Bonnes œuvres.	Boulanger.	Boucher.	Cuisine.	Vins et Liqueurs.	Bois et Charbons.	Huile et Bougie.	Domestique.	Toilette personn.	Toilette des enfans.	Plaisirs et Voyages.	Médecin.	Pensions des enfan.	Loyer et Contrib.	TOTAL des Dépenses.	BALANCE.
Rep.																	
22																	
23																	
24																	
25																	
26																	
27																	
28																	
29																	
30																	
Totaux du mois																	

EMPLOI DES SOMMES REÇUES.

3ᵉ TRIMESTRE (du 1 au 11 juillet 1835.)

EMPLOI DES SOMMES REÇUES.

À rep.	11	10	9	8	7	6	5	4	3	2	1	DATES.
												SOMMES reçues.
												Bonnes œuvres.
												Boulanger.
												Boucher.
												Cuisine.
												Vins et Liqueurs.
												Bois et Charbons
												Huile et Bougie.
												Domestique.
												Toilette personn.
												Toilette des enfans
												Plaisirs et Voyages.
												Médecin.
												Pensions des enfan.
												Loyer et Contrib.
												TOTAL des Dépenses.
												BALANCE.

3e TRIMESTRE (du 12 au 21 juillet 1853).

EMPLOI DES SOMMES REÇUES.

DATES.	Rep.	12	13	14	15	16	17	18	19	20	21	À rep.
SOMMES reçues.												
Bonnes œuvres.												
Boulanger.												
Boucher.												
Cuisine.												
Vins et Liqueurs.												
Bois et Charbons												
Huile et Bougie.												
Domestique.												
Toilette personn.												
Toilette des enfans												
Plaisirs et Voyages.												
Médecin.												
Pensions des enfan.												
Loyer et Contrib.												
TOTAL des Dépenses.												
BALANCE.												

3e TRIMESTRE (du 22 au 31 juillet 1853).

EMPLOI DES SOMMES REÇUES.

DATES.	Rep.	22	23	24	25	26	27	28	29	30	31	Totaux du mois
SOMMES reçues.												
Bonnes œuvres.												
Boulanger.												
Boucher.												
Cuisine.												
Vins et Liqueurs.												
Bois et Charbons												
Huile et Bougie.												
Domestique.												
Toilette persoun.												
Toilette des enfans												
Plaisirs et Voyages.												
Médecin.												
Pensions des enfan.												
Loyer et Contrib.												
TOTAL des Dépenses.												
BALANCE.												

3e TRIMESTRE (du 1 au 11 août 1853).

EMPLOI DES SOMMES REÇUES.

DATES.	1	2	3	4	5	6	7	8	9	10	11	A rep.
SOMMES reçues.												
Bonnes œuvres.												
Boulanger.												
Boucher.												
Cuisine.												
Vins et Liqueurs.												
Bois et Charbons.												
Huile et Bougie.												
Domestique.												
Toilette personn.												
Toilette des enfans.												
Plaisirs et Voyages.												
Médecin.												
Pensions des enfan.												
Loyer et Contrib.												
TOTAL des Dépenses.												
BALANCE.												

3e TRIMESTRE (du 12 au 21 août 1855).

EMPLOI DES SOMMES REÇUES.

DATES.	Rep.	12	13	14	15	16	17	18	19	20	21	À rep.
SOMMES reçues.												
Bonnes œuvres.												
Boulanger.												
Boucher.												
Cuisine.												
Vins et Liqueurs.												
Bois et Charbons												
Huile et Bougie.												
Domestique.												
Toilette personn.												
Toilette des enfans												
Plaisirs et Voyages.												
Médecin.												
Pensions des enfan.												
Loyer et Contrib.												
TOTAL des Dépenses.												
BALANCE.												

3e TRIMESTRE (du 12 au 21 septembre 1853).

EMPLOI DES SOMMES REÇUES.

DATES.	Rep.	12	13	14	15	16	17	18	19	20	21	À rep.
SOMMES reçues.												
Bonnes œuvres.												
Boulanger.												
Boucher.												
Cuisine.												
Vins et Liqueurs.												
Bois et Charbons												
Huile et Bougie.												
Domestique.												
Toilette personn.												
Toilette des enfans												
Plaisirs et Voyages.												
Médecin.												
Pensions des enfan.												
Loyer et Contrib.												
TOTAL des Dépenses.												
BALANCE.												

3e TRIMESTRE (du 22 au 30 septembre 1853)

DATES.	Rep.	22	23	24	25	26	27	28	29	30	.	Totaux du mois
SOMMES reçues.												
Bonnes œuvres.												
Boulanger.												
Boucher.												
Cuisine.												
Vins et Liqueurs.												
Bois et Charbons												
Huile et Bougie.												
Domestique.												
Toilette personn.												
Toilette des enfans												
Plaisirs et Voyages.												
Médecin.												
Pensions des enfan.												
Loyer et Contrib.												
TOTAL des Dépenses.												
BALANCE.												

EMPLOI DES SOMMES REÇUES.

4e TRIMESTRE (du 1 au 11 octobre 1853).

DATES.	1	2	3	4	5	6	7	8	9	10	11	A rep
SOMMES reçues.												
Bonnes œuvres.												
Boulanger.												
Boucher.												
Cuisine.												
Vins et Liqueurs.												
Bois et Charbons												
Huile et Bougie.												
Domestique.												
Toilette personn.												
Toilette des enfans												
Plaisirs et Voyages.												
Médecin.												
Pensions des enfan.												
Loyer et Contrib.												
TOTAL des Dépenses.												
BALANCE.												

EMPLOI DES SOMMES REÇUES.

4ᵉ TRIMESTRE (du 12 au 21 octobre 855).

EMPLOI DES SOMMES REÇUES.

DATES.	Rep.	12	13	14	15	16	17	18	19	20	21	À rep.
SOMMES reçues.												
Bonnes œuvres.												
Boulanger.												
Boucher.												
Cuisine.												
Vins et Liqueurs.												
Bois et Charbons												
Huile et Bougie.												
Domestique.												
Toilette personn.												
Toilette des enfans												
Plaisirs et Voyages.												
Médecin.												
Pensions des enfan.												
Loyer et Contrib.												
TOTAL des Dépenses.												
BALANCE.												

4ᵉ TRIMESTRE (du 22 au 31 octobre 1853).

EMPLOI DES SOMMES REÇUES.

DATES.	Rep.	22	23	24	25	26	27	28	29	30	31	Totaux
SOMMES reçues.												
Bonnes œuvres.												
Boulanger.												
Boucher.												
Cuisine.												
Vins et Liqueurs.												
Bois et Charbons												
Huile et Bougie.												
Domestique.												
Toilette personn.												
Toilette des enfans												
Plaisirs et Voyages.												
Médecin.												
Pensions des enfan.												
Loyer et Contrib.												
TOTAL des Dépenses.												
BALANCE.												

À rep.	11	10	9	8	7	6	5	4	3	2	1	DATES.
												SOMMES reçues.
												Bonnes œuvres.
												Boulanger.
												Boucher.
												Cuisine.
												Vins et Liqueurs.
												Bois et Charbons
												Huile et Bougie.
												Domestique.
												Toilette personn.
												Toilette des enfans
												Plaisirs et Voyages.
												Médecin.
												Pensions des enfan.
												Loyer et Contrib.
												TOTAL des Dépenses.
												BALANCE.

EMPLOI DES SOMMES REÇUES.

4e TRIMESTRE (du 12 au 21 novembre 1853).

EMPLOI DES SOMMES REÇUES.

DATES.	Rep.	12	13	14	15	16	17	18	19	20	21	à rep.
SOMMES reçues.												
Bonnes œuvres.												
Boulanger.												
Boucher.												
Cuisine.												
Vins et Liqueurs.												
Bois et Charbons												
Huile et Bougie.												
Domestique.												
Toilette personn.												
Toilette des enfans												
Plaisirs et Voyages.												
Médecin.												
Pensions des enfan.												
Loyer et Contrib.												
TOTAL des Dépenses.												
BALANCE.												

4e TRIMESTRE (du 22 au 30 novembre 1853).

EMPLOI DES SOMMES REÇUES.

DATES.	Rep.	22	23	24	25	26	27	28	29	30		Totaux du mois
SOMMES reçues.												
Bonnes œuvres.												
Boulanger.												
Boucher.												
Cuisine.												
Vins et Liqueurs.												
Bois et Charbons												
Huile et Bougie.												
Domestique.												
Toilette personn.												
Toilette des enfans												
Plaisirs et Voyages.												
Médecin.												
Pensions des enfan.												
Loyer et Contrib.												
TOTAL des Dépenses.												
BALANCE.												

4e TRIMESTRE (du 1 au 11 décembre 1833).

EMPLOI DES SOMMES REÇUES.

DATES.	1	2	3	4	5	6	7	8	9	10	11	A rep.
SOMMES reçues.												
Bonnes œuvres.												
Boulanger.												
Boucher.												
Cuisine.												
Vins et Liqueurs.												
Bois et Charbons												
Huile et Bougie.												
Domestique.												
Toilette personn.												
Toilette des enfans												
Plaisirs et Voyages.												
Médecin.												
Pensions des enfan.												
Loyer et Contrib.												
TOTAL des Dépenses.												
BALANCE.												

À rep.	21	20	19	18	17	16	15	14	13	12	Rep.	DATES.	
												SOMMES reçues.	
												Bonnes œuvres.	EMPLOI DES SOMMES REÇUES.
												Boulanger.	
												Boucher.	
												Cuisine.	
												Vins et Liqueurs.	
												Bois et Charbons	
												Huile et Bougie.	
												Domestique.	
												Toilette personn.	
												Toilette des enfans	
												Plaisirs et Voyages.	
												Médecin.	
												Pensions des enfan.	
												Loyer et Contrib.	
												TOTAL des Dépenses.	
												BALANCE.	

4e TRIMESTRE (du 22 au 31 décembre 1853).

DATES.	SOMMES reçues.	EMPLOI DES SOMMES REÇUES.														TOTAL des Dépenses.	BALANCE.
		Bonnes œuvres.	Boulanger.	Boucher.	Cuisine.	Vins et Liqueurs.	Bois et Charbons.	Huile et Bougie.	Domestique.	Toilette personn.	Toilette des enfans	Plaisirs et Voyages.	Médecin.	Pensions des enfan.	Loyer et Contrib.		
Rep.																	
22																	
23																	
24																	
25																	
26																	
27																	
28																	
29																	
30																	
31																	
Totaux du mois																	

RÉCAPITULATION GÉNÉRALE.

MOIS de L'ANNÉE.	Bonnes œuvres.	Boulanger.	Boucher.	Cuisine.	Vins et Liqueurs.	Bois et Charbons.	Huile et Bougie.	Domestique.	Toilette personn.	Toilette des enfans.	Plaisirs et Voyages.	Médecin.	Pensions des enfan.	Loyer et Contrib.	TOTAL des Dépenses.	BALANCE.
Janvier																
Février																
Mars																
Avril																
Mai																
Juin																
Juillet																
Août																
Septembre																
Octobre																
Novembre																
Décembre																
TOTAUX																

BALANCE.

MOIS DE L'ANNÉE.	RECETTES.	DÉPENSES.	BALANCE.
Janvier.			
Février.			
Mars.			
Avril			
Mai.			
Juin			
Juillet.			
Août.			
Septembre			
Octobre.			
Novembre			
Décembre			
Totaux.			

POIDS DÉCIMAUX RÉDUITS EN LIVRES, ONCES, GROS ET GRAINS.

POIDS DÉCIMAUX.	GRAMMES.	LIVRES.	ONCES.	GROS.	GRAINS.
Gramme.	1	»	»	»	18,83
Double gramme.	2	»	»	»	37,65
Demi-décagramme.	5	»	»	1	22,14
Décagramme.	10	»	»	2	44,27
Double décagramme.	20	»	»	5	16,54
Demi-hectogramme.	50	»	1	5	5,36
Hectogramme.	100	»	3	2	10,71
Double hectogramme.	200	»	6	4	21,43
Demi-kilogramme.	500	1	»	2	53,57
Kilogramme.	1,000	2	1	5	35,15
Double kilogramme.	2,000	4	3	2	70,30
5 kilogrammes.	5,000	10	3	3	31,75
10 kilogrammes.	10,000	20	6	6	63,50
20 kilogrammes.	20,000	40	13	5	55,00
50 kilogrammes.	50,000	102	2	2	29,50

TABLE

Calendrier 5
Janvier 7
Février 10
Mars 13
Avril 16
Mai 19
Juin 22
Juillet 25
Août 28
Septembre 31
Octobre 34
Novembre 37
Décembre 40
Récapitulation 43
Balance 44
Poids décimaux 45

FIN DE LA TABLE.

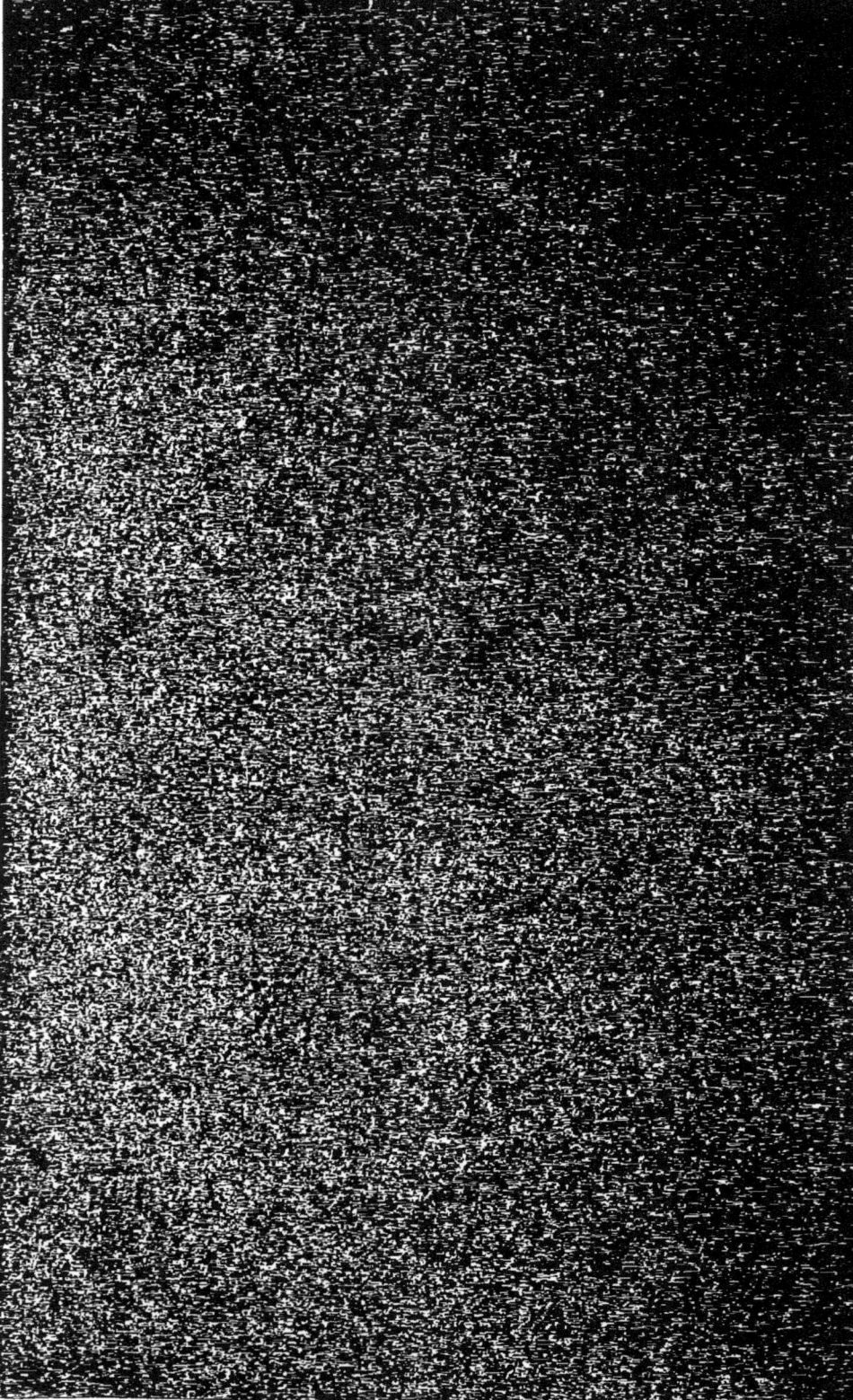

www.ingramcontent.com/pod-product-compliance
Lightning Source LLC
LaVergne TN
LVHW021702080426
835510LV00011B/1544